JN411301

조정숙 두 번째 시집

화선지에 그리는 사랑

Ⓒ 화선지에 그리는 사랑

지은이 • 조정숙

펴낸이 • 강옥현

주 간 • 양재일

발행처 • 도서출판 오감도

초판 인쇄 • 2023년 8월 5일

초판 발행 • 2023년 8월 8일

전화 • 070-7778-2591 010-3206-2591

팩스 • (031) 775-0161

출판 등록일 • 일제 10-1651(98. 10. 15)

서울시 중구 을지로3가 268 유일빌딩 604호

ISBN 978-89-5698-422-3 03810

값 10,000원

* 2023년 상반기 한국예술인복지재단 창작준비금으로

제작되었습니다

✍ 시인의 말

산과 들에
마음도 푸르게
초록 물이 담뿍 들었습니다

사계절
서로 머물고
물러날 때를 아는
자연을 좋아합니다

바다 같은 그대와
여행 가고 싶은 날

두 번째 시집을 엮으며…

2023년 8월 일자산 자락에서
조정숙

1부

2부

3부

4부

1부

시래기

서슬이 퍼렇다
내세울 건 없으면서
자존심만 세더라는
소문이 맞는 듯

가을 끝자락 된서리에도
기세가 등등하고
처마 밑에 매달려
비바람에 시달려도
질긴 근성 버리지 못하더니

어쩌다
욕심도 내려놓고
겸손해졌는지

조금만 삶아도
말캉말캉해진다

수요일

우리 동네
조용한 찻집 있어요
달콤한 향으로
흠뻑 젖어도 좋은

그가 떠난 날은 수요일
비 내리는 날도 수요일
눈 내리는 날도 수요일
봄 여름 가을 겨울
언제나 수요일

따스한 찻잔을
쓰다듬기만 해도
뭉클한

그림자놀이

바람 소리에도
개가 컹컹 짖어대는 겨울밤
아버지가 보여준 손 그림자놀이

하얀 사기 등잔불이
숨 쉴 적마다
예절 바르게 인사를 하고

아버지가 손가락으로 만든
토끼가 뛰어가고
새가 날아가면
꿈에라도 잡고 싶은 그 토끼

부산하게 요동치는 불꽃
토끼와 새들이 흔들리던 바람벽에
이야기가 주절주절 걸리고
까무룩 잠이 들면

낮에 썰매를 타던 논에서
쩌렁쩌렁 우는 소리가
동네 사람들 곤한 잠을 깨우고
문풍지도 장단 맞춰 사납게 울던 밤

병풍처럼 막아주던
아버지의 손가락 그림자

무지개

토라진 그의 마음이
촘촘하게 진을 친다

내 마음은
어둠의 포로가 되고
두려움에 손도 부들부들 떨린다

장대처럼 쏟아지는 눈물
조용히 마음을 가다듬으면
앞산에서 바다까지

둥그렇게 다리를 놓는 무지개

단단하게 여몄던
내 마음의 경계를 지우면

굳게 닫힌 그의 마음도 허물어질까

연잎

세차게 내리꽂히는
빗방울

정수리
무거워지면

스스로
기울여
비우고 또 비우며

의연하게
다시 일어서는
너를 보며

주먹을 불끈 쥐어본다

바닷가에서

썰물에 드러난 갯벌
도둑고양이처럼
기어가는 농게

커다란 집게발
하늘 향해 번쩍 들고

망둥이 피해서
해초 사이로
삐삐뽀뽀
빨간불 켜고 달려갑니다

꽃샘추위

노랗게 웃는 수선화
꽃잎 뒤로
수수꽃다리 그윽한 향기
시샘하는 겨울

벗어!
호통 소리에
후다닥
옷고름 여미는 봄

이모티콘

프로필 사진을 찍다가
사진사가 툭, 던지는
웃으라는 말에
잠시 당황했다

활짝 웃어본 지가 언제인지
입꼬리를 올려보다가
목젖이 보이는 이모티콘을
얼른 떼어
내 얼굴에 붙이고 싶었다

2년째
마스크로 얼굴을 가리고 살다 보니
시원하게 웃은 기억도 가물가물
웃음기 사라진
내 표정이 낯설다

아이들은

우산 이모티콘을 좋아하는데

나는

한쪽 눈 찡긋하고

윙크하는 이모티콘이 좋다

어색한 말보다

정겹게 표현하기 좋고

따라 하면 기분도 최고다

네가 보낸 뿔난 이모티콘

무엇 때문에 화가 났는지 몰라

한쪽 눈 찡긋한

이모티콘을 보낸다

너도

한번 웃어보라고

바람을 탐색하다

우산 쓰고 가는데
갑자기 방향을 바꾼
바람 때문에
우산이 확 뒤집혔다

반대로 돌아서니
우산이 바르게 펴졌다

구부러진 우산살은 없는지
다시 접었다 펴고
허공에서
빙그르르 돌렸다

바람의
방향을 탐색하며

칼도 아닌 것이

책장 넘기다 손가락을 베었다

백지도 아닌 빼곡한 글자가
먼저 부산한 마음을 읽었을까

칼보다 종이에 베이면
덜 아픈 줄 알았는데
종이로 베여도 쓰리고 아프다

까치설

설달그믐날 밤
잠을 자면
눈썹이 센다는
할머니 말씀에
손가락으로
양쪽 눈꺼풀을 들어 올려도
눈이 감기고 말았다

설날 아침
설빔 차려입은 언니가
웃으며 할머니 닮았다고 놀렸다

울면서 거울을 보니
정말 눈썹이 박꽃 같다
손가락으로 여러 번 문지르니
치약 냄새가 났다

머리 땋고 설빔 입고
세배드려야지

새 옷
냄새가 좋다

간월도 가는 길

바람이
세차게 분다

하루에 두 번
바닷길이 열리고
사람들의 방문을
허락하는 간월암

크고 작은 파도가
약속이라도 했는지
차례로 오고 간다

말처럼 달려오던
파도가
열리던 바닷길을 덮는다

앞만 보고 가던 사람이

미처 피하지 못하고
젖은 발을 허공에 턴다

멈추고 바다를 본다

서두르지 않고 기다리면
신기하게 열리는 바닷길

지렁이

비 갠 날
낮게 포복하고 있다

부러진
나뭇가지처럼 조용히

가는 길을 모르니?

아니,
수행 중이야

갑자기
깨달았을까
꼬물꼬물 기어간다

단풍

잡아달라는 말 대신
살며시 내미는
너의 작은 손

차마
잡지 못하고
네가
떠나는 뒷모습만
우두커니 바라보다가

우리
언제
다시 만날 수 있을까

건망증

세탁기 뚜껑을 열었습니다

구겨진 빨래가
꽈배기처럼 꼬여 있습니다

세탁기 전원을 켜고 물을 채우니
까맣게 잊었던 어제도 살아납니다

서로 끌어안고 있던 셔츠와 바지
그 사이에 끼어 있던 양말도
제 모양을 찾아갑니다

얼마나 갑갑했을까

몇 년 전
목에 걸린 생선 가시가
내려갔을 때처럼
속이 다 후련합니다

2부

마음

창을 열면
마음이 열리고
창을 닫으면
마음도 닫히는 줄 알았다

창을 열어도
마음이 안 열리고
때로는
창을 닫아도
혼자 스르르 열리는

보이지 않고
잡을 수 없어도
가끔
제멋대로
열리고 닫히는 그 마음

턱

십 센티미터가
낮은 줄 알고
얕보다
걸려
무릎 꿇었네

앗!
머리 위로 쏟아지는 별 무리

탈출

알코올은 때로
성분을 따지지도 않고
서로 잘 섞입니다

누구와 연합하느냐에 따라
힘이 세지고

불꽃으로 환생하고
불꽃은 바람에 너울지고

어둠을
사각사각 갉아먹으며
서서히 영역을 넓히고
끝내 밤을 몰아냅니다

가끔,
마음이 어두워지면

나는

시원한 맥주를 마십니다

연 시집가던 날

정월대보름 지나면
너를 시집보낸다는
아버지 말씀이
어찌나 서운하던지

며칠 후
바람 좋은 날
너도 이별을 알았는지
팽팽한 연실이
윙윙 소리 내어 울었지

아버지는 너를 달래듯
지참금으로
빳빳한 종이돈
오백 원을 꽁꽁 묶고
미련 없이 줄을 툭 끊었지

멋지게 태극기를 붙인 너는
주춤거리며 뒷걸음질 치다가
점점 멀어지더니
작은 점이 되어 사라졌지

아버지가 만들어 주신
육각형 얼레에는
아직도
노란색 연실이 남아있는데

며칠씩 띄워 놓아도
날아갈 줄 모르던
너를 위해 기도했어

자유를 찾아서
마음대로 날아가라고

신비한 탄생

거실 구석에
얌전히 누워있는 늙은 호박
두 손으로 들었더니
어! 가벼워졌다

꼭지 자르려고
칼을 꽂아도
단단한 방어막 때문에
난공불락難攻不落

간신히 반으로 갈랐다
쩍 갈라진 호박
생선 뼈처럼
나란히 누워있는 씨앗들
하얀 수염 줄기와
노르스름한 떡잎이 두 장
신비롭다

그 안에서

겨우내

꽃 피울 준비를 하고 있었구나

수선화

엄마가 전화했습니다

남쪽에서 꽃소식이
바람 타고 올라오면
보고 싶다는 말 대신
수선화 곱게 피었다고
꽃 보러 오라고…

외롭다는 말 대신
잘 지내느냐는 말씀
깊은 뜻이 있는 줄
그때는 몰랐습니다

길동 생태공원에서
노랗게 핀
수선화를 보다가
환하게 웃던
엄마가 보고 싶은 날

엄마처럼 잘 챙겨주는
언니를 생각하면
마음이 따뜻해집니다

반달식당

지난해
우리 동네
새로 생긴 음식점

낮에도 그 집
간판에는
초승달이 떠 있다

국그릇에서
달을 찾느라 뒤적이다
창으로 비치는 달을 보니
어릴 적부터 따라오던
그 달인 듯 반갑다

아버지와 밤길 걸으며
달이 따라와서
좋다고 했더니

"저 달이
평생 너를 따라다니면 어쩔래?"
하시던 아버지 생각에
밥을 먹는 둥 마는 둥
수저 놓고 계산하는데

음식이 입에 맞지 않느냐고
염려하는 주인에게
좋은 추억 하나
건졌다는 내 말을 듣고
고개를 갸우뚱하는
당신도
언젠가 아시겠지요

길

누가 만들어 놓았을까

새는
보이지 않아도
날아가고

배도
물길 찾아
흘러가는데

당신 찾아가는 길은
이정표도 없으니
어디로 가면
만날 수 있을까

이별가를 부르다
그 어디쯤

숨어 있을지도 모를
길을 찾아 더듬거린다

비를 기다리는 마음

어제저녁부터
아침까지 비가 내렸다

수줍은 여인처럼
꽃잎이 떨어질세라
사부작사부작 내리고

열무 심으려고
갈아놓은 밭에
단단한 흙덩어리는
소낙비가 내리면
돌멩이처럼 쓸려 내려가니
비가 차분히 내려야
흙에 빗물이 스며든다는

농부의
시커멓게 타는 마음을

하늘도 아셨는지
가랑비가 내렸다

깡통 차기

어릴 적 동네 아이들과
신나게 했던 놀이
연날리기 자치기 깡통 차기
딱지치기 구슬치기

겨울 방학하면
점심 먹고 시작한 놀이에
해가 지는 줄도 모르고
깡통 차기를 했다

깡통을 세게 차고
숨은 아이들이
약속이나 한 듯
몰래 집으로 갔다

술래가
발소리를 죽이고

아이들 이름을 부르며
찾다가 나오라고 외쳤다

못 찾겠다, 꾀꼬리!

몰래 집에 가서
밥 먹고 온 아이들이
시치미 뚝 떼고 항복해도
화가 난 술래는 씩씩거리며
찌그러진 깡통을 발로 뻥 찼다

아이들이 슬금슬금
집으로 돌아가자
골목도 잠이 들었다

경계선을 넘어

하얗게 웃는 매화
그윽한 향기에 취하여
하루를 열고 싶은 날

곧게 살고 싶은 마음이
경계선을 넘었는지
박스 모서리에 살짝 부딪힌
새끼발가락만 부러지고

몸보다 앞서는 마음
서둘지 말고 천천히 가자는
몸이 보내는 소리에
귀를 활짝 열어야겠습니다

주먹으로 박스를 툭툭 치며
네 탓이라고
핑계라도 대면 조금 덜 아프려나

퍼렇게 멍든 발가락에
치자떡을 덕지덕지 붙이고
사임당의 묵매도를 감상합니다

씻김굿

어릴 적
바닷가에서 처음 보았어

나는 무서워 등골이 서늘해도
온몸이 얼어붙은 듯
한 발짝도 움직이지 못했어

그녀가 떠나던 날
파도가 바위를
철썩철썩 때리며
서럽게 울었다는 바닷가에서

무녀는
그녀의 넋을 건져 올리느라
이마에서 구슬땀이 흐르고

흰옷 입은 여인
양쪽에 두 명씩 서서

하얀 옥양목으로
팽팽하게 길을 만들고
네 명이 단단히 잡았어

그 위에
한지로 반듯하게 접은
종이배를 띄우고
노잣돈도 올리고
극락왕생 염원하며
그녀의 넋을 위로하는
무녀의 몸짓이 경건했어

건봉사

은은한 종소리가 둥글게
금강산자락을 감싸면
노래하던 산새도
경건하게 합장하고
집으로 가는 시간

불이문 옆에는
오백 살 넘은
팽나무가 지팡이 짚고
건봉사를 지키고 있다

진신 사리탑
바라보는 등 뒤로
멀어지는 종소리
뎅 뎅 뎅…

앵두

꽃잎 슬그머니
건드리고 도망치더니
나뭇가지에 매달려
대롱거리는 봄바람

눈꼬리
올라간 꽃잎
키득키득 웃는다

네가 머물던 자리에
꽃을 밀어내고
앵두는 벌써
양쪽 볼이 토실토실하다

개복숭아

키 작은
개복숭아 나무 한 그루
양쪽 옆으로 뻗은 팔이
아래로 축 늘어져
바람 부는 대로
땅에 닿을 듯 말 듯

솜털로 무장한
개복숭아
주렁주렁 매달리고

수직으로 내려오는 햇빛에
바알갛게 익어가는
탱탱한 볼 마주 보며
단내를 풍기는데

벌레들이 먼저 기웃거리네

3부

제비꽃

보랏빛 꽃 무더기
담장 옆에서 웃는다

오랑캐꽃이라고
미워하는 아이 때문에
고개 숙인 제비꽃

이름에서 소리 나는 병아리꽃
바람에 흔들리는 옥녀제비꽃
이름만 들어도 황소 같은 씨름꽃
백세시대에 어울리는 장수꽃
곧추세워도 앉은뱅이꽃

꽃을 좋아하신 우리 엄마
뜰에는 수선화 모란 백합
철 따라 꽃 마중에 신바람 나셨네

봄소식

한 아름 안고 오는 제비꽃도
반겨줄 사람 없는 고향 집
뜰에는 웃자란 잡초만 무성하다

빗살무늬토기

강동선사문화축제의
서막을 여는 북소리

꽹과리 소리
높다고 으스대지 않고
북소리는
낮아도 비굴하지 않으니
사물놀이 장단에
어깨가 들썩이네

아버지의 아버지
그 아버지의 아버지
원시인이 살았던 옛날

물고기 잡고
열매도 따면서
돌도끼 휘두르며 짐승을 좇던
우리 조상이 살았던 움집도 있다

처음 개관한 박물관에
사람들이 웅성거리고
눈길이 머무는 빗살무늬토기
생선 가시로 그렸는지
참빗이나
나뭇가지로 그렸는지
선명하게 남아있는
물결 무늬

누천년 지나도
빛나라 빗살무늬토기

밥

—꽃을 섬기는

인사동에서
밥을 그린 화가의
그림을 보았다

꽃이 피었다
수북한 밥 위에

지붕이 빨간 집 한 채
벌 나비도 없는
꽃잎 속에 숨었다

활짝 웃는 홍매화
은은한 향기에
마음이 젖는 오후

밥에서 자라는 꽃

꽃을 웃게 하고
꽃을 섬기는 밥

제 몸 주고 얻은 꽃잎
밥은
꽃을 피우는 산이다

열차집에서

시인은 배고프다고
소설가가 되라던 L 선생

외면하고
긴 의자 구석에 앉았다

깊게 옹이 박힌
나이테도 보일 듯 말 듯
투박한 큰 탁자에서

희미한 시인들의 흔적을 따라
어지러운 미로에 갇혔을 때
문학을 사랑하고
자유를 노래하던
시인들의 음성이 귓전을 때린다

백석 윤동주 이상 박인환 조지훈
릴케 휘트먼 디킨슨 헤세 엘리엇

보들레르를 생각하며
시인들이 무질서하게 써 놓은
벌레처럼 기어가는
희미한 글자를 따라
벽을 더듬는다

해물파전 들고나온
아주머니 등에 매달려
칭얼거리는 아이

너도
여기가 불편하니

* 열차집 : 종로 피맛골에 있던 주점, 종각 근처로 이전.

꽃들의 함성

—위안부 할머니들께

목련 같은 그녀는
거짓 선동에
만신창이가 되고

송죽 같은 지아비
섬기며 살고 싶은
순백의 꿈도
산산조각이 나고

세월 흘러도
아물지 않는 상처
치유 불능

자나 깨나
진실 밝히려는 일념으로
하루하루 버티며 살아온
우리 어머니 누이 자매
이마에 깊은 주름이 서러워

넘어지면
오뚝이처럼 일어나

오늘도
땡볕에서 외치는 함성
멀리 울려 퍼지기를

스며들다

뚝배기에서
된장찌개가 끓는다

가스레인지 옆
검은 비닐봉지가 녹았다
연초록 잎과 줄기가
은은하게 그려진 접시는
이제 신비롭지 않다

얼마나 뜨거우면
검은 비닐봉지가
접시에 스며들었을까

수세미로 박박 문질러도
지워지지 않는 흔적 때문에
당당하게 식탁에 올리지 못하고
버리지도 못하여
자꾸만 눈길이 머무는 애물단지

물끄러미 바라보다
묻는다
괜찮으냐고

이것도 관심이려니

완두콩

언니 생각에
놓친 콩알 하나
데굴데굴 굴러가네

콩 까는 재미가 쏠쏠

겨울

늙은 개가 짖는다
미친 듯이

정월대보름 달밤에

펜토체스를 정복하다

양쪽으로 편을 갈랐다

서로 머리 맞대고
들소처럼 달려들었다

모양과 크기가 다른 조각들

커다란 판에
흑과 백
열세 조각을 늘어놓았다

전후좌우
위아래가 열려 있어도
서로 곁을 주지 않고

한 발 다가서면
그만큼 멀어지는
N극과 N극처럼

밀어내기만 할 뿐
속수무책

열 번도 더 실패하고
N극과 S극처럼
딱 들어맞는 체스판

드디어
열세 조각으로 판을 정복했다

망객산

후드득후드득
새벽부터 창문을
두드리는 빗줄기에
7부 능선까지 봄이 젖었다

창문 열고
봄바람에 날리는
진한 아카시꽃 향기에
손잡고 망객산 넘던
추억도 되살아났다

달리기 잘하고
고무줄놀이도 잘하던
친구들이 보고 싶은 날

시방,
어디 있는 겨

덕수궁 돌담길

노란 은행잎
음표처럼 춤추던 날

정동극장 앞에서
긴 머리카락 찰랑거리는
네가 좋다는 K의 고백에
어색하게 걸었던 덕수궁 돌담길

연인들이 걸으면
헤어진다는 예언처럼
우리 사이도
거짓말처럼 멀어지고

그리움이 은밀하게
목젖을 적시는 가을
추억도 단풍처럼 물드는
덕수궁 돌담길

가을 1

정독도서관
정자 옆 물레방아

철퍼덕철퍼덕
시간을 돌리고

시간이 햇살을
자박자박 밟고 간다

시간이 지나간 자리에
국화처럼 추억이 피어나고

가을 2

하얀 찻잔에
출렁이는
국화꽃 향기

말갛게
익은 홍시처럼

툭
떨어지는

가을 3

삼청동 파출소 뒤
자세히 보아야 찾을 수 있는
작은 우물이 있다

조선시대
궁궐에서
물을 길어 날랐다는
복정우물

조선시대 우물 찾아 기록하는
J 박사님도 몰랐다는 그 우물
사진 찾아 위치를 알려주니
귀한 정보라며 고맙다는 말씀에
어깨가 으쓱

지나가는 사람들
눈길 주지 않아도

이끼 낀
돌 틈 사이로
파란 하늘과
하얀 조각구름까지 담고 있는
복정우물

서해대교 1

세종대왕이 노하시겠다

초등학교 졸업하던
그해 2월도
바람은 고추보다 매웠다

한정초등학교 졸업식에
행담 분교 졸업생 여섯 명이
처음 우리 학교에 온 날
졸업장 받고
서로 이름도 모른 채 헤어진
그 친구들이 살았던 행담도

갯벌이 시커먼 배를 드러내면
선생님 따라 호미 들고 조개 잡으며
자연학습장이던 섬에
평택시와 당진시를 잇는
서해대교 우뚝 섰네

행담도 휴게소라는
한글 이름 몰아내고
국제화 시대에 밀려
오션파크리조트가 주인 행세를 해도

설마,
밥과 김치는
햄버거에 밀리지 않겠지

사월에 받은 초대장

수수꽃다리 향기를
전해준 봄바람은
선물이다

보낸 이도
주소도 없는
향기 품은 초대장

초록으로
잎눈 열리는 사월

4부

까치밥

가을이
감을 안고 뚝 떨어지네

은행잎
노란 눈 질끈 감고
단풍잎
부끄러워 얼굴 붉히네

감나무 가지에 앉은 까치
제 밥 내놓으라고
하늘 보고 까악까악

떨어진 감이 아깝다고
땅을 보고 깍깍

물

앞을 막아도
괜찮아

돌아갈 거야

목련

혹한을 이겨내고
바람과 햇볕의 구애

잠든 대지 깨우다

살짝 드러난 목선이
봉긋하게 부푼 처녀

너의 유혹에
수줍어 고개 숙이고

그대
떠날 때
꽃등 밝혀 배웅하리

하얀 망초꽃

영역 표시가 없어
자리다툼도 없는 세상

하얀 망초꽃에 앉아
꿀 따는 무당벌레

뱀딸기 빨갛게 눈 흘겨도
초록 잎은
싱그러운 향기를 내뿜고
사이좋게 곁을 내주는 곳

너와 내가
서로 대립하지 않는
그곳이 좋은 세상

안부를 묻다

두메산골에 가을이 왔어요

나뭇잎 사이로 내민
볼이 빨갛게 물든 사과
꽃처럼 열리고

날마다 끈에 묶여
새를 쫓는 종이 독수리
삼만 오천 원
제값을 톡톡히 한다고

가을에는
언니네 농장으로
아삭하고 단내 풍기는
사과를 먹으러 가야겠어요

나무에서 딴 사과를
옷자락에 쓱쓱 문질러

한 입 베어 물면
가을은 덤으로 따라옵니다

하롱하롱 꽃잎 지던 봄
장맛비에 흠뻑 젖은 여름
벼 이삭처럼 고개 숙이는 가을
곁가지 내려놓는 겨울

사계절 당당하게
비탈길에 서 있는 사과나무
가끔
바람이 안부를 묻습니다

가야금 열두 줄

동기 당기 동기 당기당
흥겨운 가락이 울려 퍼지면
오동나무 가지 끝에
걸린 둥근달
연못에서 춤추고
국화 향기 사방으로 흩어지네

가야금 병창으로
새타령을 들어도
신명이 나지 않으니

어릴 적 친구 청하여
잘 익은 국화주에
청춘가 부르면
어깨춤이 절로 나겠네

여름

비 내리는 팔월 초하루

귀뚜라미 소리
젖지도 않고 낭랑하네

봄 1

꽃샘바람이 분다

하얀 목련 꽃봉오리
겨울잠 털어내고

휘늘어진 개나리
담장에 앉아
잠이 덜 깬 눈 비비며
봄맞이에 부산하다

지난해 봄
새처럼 재잘거리며
그네 타고
미끄럼 타던 아이들은
그림자도 보이지 않고

놀이터에 서 있는
군데군데 칠 벗겨진 그네만

가끔,

놀란 듯 삐거덕거린다

훈련소에서 보낸 편지

네가 친구와 동반 입대하던 날
오른쪽 무릎뼈가 골절된
아버지는 벽을 바라보고
잘 다녀오라며 말끝을 흐렸지

나도 발가락 골절로
목발 짚고 집 앞에서 배웅하며
물가에 내놓은 아이처럼
걱정이 늘어지는데
의연한 네 모습에 위로가 되더구나

네가 떠난 자리는
날이 갈수록 동굴처럼 깊어지고
며칠 후, 소포를 받았어
누런 박스에 차곡차곡 담긴 네 옷을 본 순간
참았던 눈물샘이 터지고 말았단다

스산한 가을날
우편함에서 살짝 고개를 내민
훈련소에서 보낸 두툼한 편지 봉투
편지지 위에 납작 엎드린 단풍잎 하나
너를 만난 듯 반가워
손바닥에 놓고 한참 바라보았어

책상 위에서 며칠이나 지났을까
코팅해서 책갈피 하려고
단풍잎을 집었더니
바사삭 부서져버렸어

겨울이 오기 전에
단풍 든 춘천의 풍경과
그 아래 든든한 나무처럼 서 있는
너를 보러 가야겠구나

국보 제1호 숭례문崇禮門

TV를 보다가
숨 가쁘게 지나가는 뉴스 속보

밤하늘을 대낮처럼 밝히던 성난 불길
사람들의 염원에도 잡히지 않고
안타까운 마음에 발을 동동 구르며 지샌 밤
주먹을 꼭 쥐었더니 양손에 물기가 흥건했지

사람들이 피땀으로 일군 서울의 역사
도심을 굽어보던 숭례문
토지를 보상해 주지 않는다고
분개하여 석유를 뿌리고
하룻밤에 국보를 주저앉혀 버린 늙은이

화마가 할퀴고 간 자리
형체마저 처참하게 무너지고
명칭만 덩그러니 허공을 맴도는
국보 제1호 숭례문

예전보다
화려한 단청 옷 입고
웅장한 모습으로 우뚝 서기를

밤栗

앗! 따가워

누렇게 여문 밤송이
벌침 한 방에
세상이 빙그르르

알밤 삼 형제
껍질 비집고
공중제비 타는

낮晝에도 밤栗
밤夜에도 밤栗
봄 여름 가을 겨울
밤栗이라네

오월의 향기

무도회를 마친 꽃잎

머리와
어깨에 내려앉아도
기분이 좋습니다

오월도
아카시꽃 향기에 취합니다

달개비꽃

여름이 꼬리를 감춘다

춤추던 햇살이
저무는 들녘에 매달려 펄럭인다

태풍 루사가 몰고 온
물폭탄에 해가 거꾸러지고
고개 숙인 벼 이삭
흙탕물 속에서 허우적거린다

긴 도랑도
미친 듯이 울부짖고
팔월이
수렁으로 빠져든다

달개비꽃이
귀를 쫑긋 세우고

치마폭에 파랗게 수를 놓으니

그 여름이 다시 온다

통역이 필요해

장바구니가 강동도서관에 갔다

길동 복조리시장에서
단맛 쓴맛 신맛 짠맛 매운맛으로
굶주린 배를 채우고

무디어진 촉각을 뻗어
서가에 갇힌 시간 속에서
예술가들을 깨웠다

노벨 쉼보르스카 칸트 이솝
피카소 처칠 바흐 니체 장 지오노
강세황 김홍도 신윤복 신사임당 정선
공자 맹자 순자 노자

사람과 사람 사이
기둥처럼 서 있는 서가

작가들이 서로 잘났다고
자기네 나라말로
치열하게 논쟁하네

제발
누가
통역 좀 해주세요

수정테이프

잘못 쓴 글자를
지우는 수정테이프

빨강 신호등에
횡단보도 건널 때
삐익,
경적을 울리는 수정테이프

넘어져 다친
상처에 붙이면
통증이 사라지는 수정테이프

잘못 쓴 글자 지워주고
위험할 때 경적 울리고
상처에 붙일 수 있는
만능
수정테이프 하나 있으면

자화상 2

커피를 마시다
식은 줄도 모르고
창밖을 바라본다

아스팔트 위로
톡톡 떨어지는 빗방울

작은 물방울이
사방으로 튀어 오른다

나도
저 물방울처럼
한번 튀어볼까

사랑은

—S와 J에게

솜사탕이다

그대의
햇살 같은 미소에
마음이 열리고

사랑해

그 말
한마디에
녹아내리는

묵향

자신을 내려놓고
번질 줄 아는

은은하게 흘러도
저물지 않는

향기

바람을 탐색하다

—시와 함께 자연 속으로 들어가다

김용길(시인)

1.

인간은 태곳적부터 시를 노래해 왔다. 말이 태어나기 전부터 자연과 죽음의 공포, 저주를 이겨내기 위한 주술적 노래가 있었고 말과 글을 쓰게 되면서부터는 신에 대한 구원의 기도, 이성에 대한 사랑의 노래부터 장대한 서사시가 있었다. 고대부터 현대 서정시에 이르기까지 시는 우리 주변 세계에 대한 변화하는 의식을 형성해 왔다.

인간이 존재하는 한 오랫동안 지구를 지탱해 온 균

형과 조화를 기억하면서 어떠한 위기의 순간에도 시와 노래는 멈추지 않을 것이다.

시는 철학적일 수도 있고, 이야기를 들려주는 서사적 방식일 수도 있고, 간절한 기도이거나, 감상적인 노래일 수도 있다. 그림을 그리는 묘사적 방식일 수도 있고, 풍자적이거나 정치적인 메시지일 수도 있고, 그저 유익한 생활정보일 수도 있다.

시는 여러 가지로 표현될 수 있다. 시는 검소한 가정, 화려한 사랑, 재활용 운동, 기도 활동, 지역 비즈니스의 공동체 운동 또는 지구 온난화에 대한 적극적인 관심에 이르기까지 정신을 자극하는 새로운 시도를 촉발시킬 수 있다.

2.

그렇다면 시가 구원의 소식이 될 수 있을까?

우리는 지금, 이 세상을 거의 알아차리지 못한다.

시인이 세상의 사물을 새롭게 바라보고 구원의 시를 쓸 수 있는 능력 있다면 얼마나 좋을까?

하지만 때로 시인에게는 자신도 모르는 숨은 능력이

내재해 있기도 한 법이다. 직장, 시장, 영화, 인터넷, 세상의 혼란스러운 정보 등 상업과 이벤트에 휩싸여 있는 우리는 때로 자연의 흔한 놀라움을 끌어들여 생생한 시의 터치로 할 수 있는 일이 있다.

우산 쓰고 가는데
갑자기 방향을 바꾼
바람 때문에
우산이 확 뒤집혔다

반대로 돌아서니
우산이 바르게 펴졌다

구부러진 우산살은 없는지
다시 접었다 펴고
허공에서
빙그르르 돌린다

바람의
방향을 탐색하며
—「바람을 탐색하다」 전문

이 시는 변화에 대처하는 태도와 삶의 불확실성을 생생한 시의 터치로 묘사하고 있다.

우리네 인생이 늘 그러하듯 예상치 못한 바람의 방향 변화로 인해 우산이 뒤집히는 모습을 보여준다. 이것은 삶에서 갑작스럽게 닥치는 변화나 어려움을 상징할 수 있다. 하지만 우산을 반대로 돌리면 다시 제 자리를 찾는다. 시인은 마지막으로, "바람의 방향을 탐색하며" 우산을 빙그르르 돌리는 모습에서 끊임없는 자기 개선과 미래의 불확실성에 대한 준비를 나타낸다.

우리는 항상 새로운 상황에 맞게 자신을 수정하고 발전시키며, 미래의 불확실성에 대비해야 하는 숙명 앞에 놓인 존재다.

시인은 시인의 말에서 "산과 들에/마음도 푸르게/초록 물이 담뿍 들었습니다//사계절/서로 머물고/물러날 때를 아는/자연을 좋아합니다"라고 말하고 있다. 시인은 "서로 머물고/ 물러날 때를 아는/자연을 좋아" 하고 즐긴다.

그래서 조정숙 시인은 두 번째 상재上梓하는 이 시집에서 많은 자연의 이미지를 데려다 놀고 있다.

수선화, 개복숭아, 사과, 앵두, 오동나무, 팽나무, 매화, 백합, 호박, 제비꽃, 수수꽃다리, 모란, 벚꽃, 목련, 망초꽃, 홍매화, 뱀딸기, 국화, 달개비꽃, 해초, 잡초… 등등

이 시집에는 꽃과 풀과 나무와 열매가 가득하다. 시적 영감靈感이라는 것이 있다. 이 영감은 어느 날 하늘에서나 꿈속에서 뚝 떨어지는 것이 아니다. 이러한 시적 대상들이 시인의 마음속에 내재화되면서 신중하고 복잡한 시적 패턴을 만들어 내면서 영물靈物이 되어간다. 그때 시의 소재인 사물은 영물화되고 이미지화되어 시적 주제를 이룬다. 그래서 시는 주제를 조명하고 주제는 시를 조명한다. 그때 결실을 보는 것을 시적 영감이라 부른다. 시는 항상 더 많은 것을 의미하는 언어다.

세차게 내리꽂히는
빗방울

정수리
무거워지면

스스로

기울여
비우고 또 비우며

의연하게
다시 일어서는
너를 보며

주먹을 불끈 쥐어본다
—「연잎」 전문

「연잎」은 연잎의 특징을 통해 삶의 메시지를 전달하고 있다. 시인은 빗방울이 정수리에 내리꽂히는 모습을 묘사한다. 이는 어려움과 고난이 그를 괴롭히고 무거워지는 상황을 상징적으로 나타낸다. 그러나 연잎은 세차게 내리는 빗방울을 받아도 물방울이 맺히지 않는다. 그 이유는 연잎의 표면에 왁스 성분이 발라져 있기 때문이다.

"주먹을 불끈 쥐어본다"라는 마지막 구절은 시인이 연잎의 모습을 보며 그 강인함과 회복력을 본받아 투지를 느끼고 그것을 실천에 옮기겠다는 의지를 나타낸다.

그렇다. 시인은 자연과의 합일을 원하지만, 부당한

삶의 무게는 떨쳐낼 수 있어야 함을 보여준다. 이 시는 우리가 살아가면서 겪는 어려움과 상처를 극복하며 다시 일어서는 용기와 희망을 전하고 있다.

3.

조정숙 시인의 시에는 꽃과 풀과 나무와 열매만 있는 것은 아니다. 가족들도 등장하는데 시인의 성격이 그러한 듯 담담한 어조로 이야기하고 있다.

바람 소리에도
개가 컹컹 짖어대는 겨울밤
아버지가 보여준 손 그림자놀이

하얀 사기 등잔불이
숨 쉴 적마다
예절 바르게 인사를 하고

아버지가 손가락으로 만든
토끼가 뛰어가고
새가 날아가면

꿈에라도 잡고 싶은 그 토끼
—「그림자놀이」 부분

겨울이 오기 전에
단풍 든 춘천의 풍경과
그 아래 든든한 나무처럼 서 있는
너를 보러 가야겠구나
—「훈련소에서 보낸 편지」 부분

「그림자놀이」에서 "부산하게 요동치는 불꽃/토끼와 새들이 흔들리던 바람벽에/이야기가 주절주절 걸리고/까무룩 잠이 들면" 같은 장면은 우리를 아스라한 추억의 공간으로 데리고 간다. 모든 것을 "병풍처럼 막아주던" 아버지가 그리운 날이다. 시인이 춘천으로 면회하러 갔던 아들은 잘 있는지 모르겠다.

4.

비 갠 날
낮게 포복하고 있다
부러진

나뭇가지처럼 조용히

가는 길을 모르니?

아니,
수행 중이야

갑자기
깨달았을까
꼬물꼬물 기어간다

—「지렁이」 전문

지렁이가 "부러진 나뭇가지처럼 조용히" 움직이는 것은 고요한 삶, 그리고 상처와 실패에도 불구하고 끈질기게 살아가는 태도를 상징적으로 보여주는 것 같다.

하지만 시인은 지렁이가 비가 갠 날 낮게 포복하고 있는 모습을 보고 지렁이가 가는 길을 모르는 것이 아니라 수행 중이라고 생각한다. 지렁이는 꼬물꼬물 기어가면서 땅을 비옥하게 만들고 식물의 성장을 도와준다. 시인은 지렁이의 모습을 통해 우리도 묵묵히 자기 일을 수행하며 세상을 이롭게 해야 한다고 말하고 있다. 세상에는 지렁이만도 못한 자들이 얼마나 많은가?

이제 이 시집에서 시인의 맨 앞에 선보인 「시래기」를 살펴보기로 하자.

서슬이 퍼렇다
내세울 건 없으면서
자존심만 세더라는
소문이 맞는 듯

가을 끝자락 된서리에도
기세가 등등하고
처마 밑에 매달려
비바람에 시달려도
질긴 근성 버리지 못하더니

어쩌다
욕심도 내려놓고
겸손해졌는지

조금만 삶아도
말캉말캉해진다

—「시래기」 전문

시인은 이 시 한 편으로 우리 인생의 여정을 고스란히 보여주고 있다.

시의 시작부에서 "서슬이 퍼렇다"는 표현은 우리의 젊은 날 모습을 나타낸다. "내세울 건 없으면서"와 "자존심만 세더라"는 부분은 외면적인 풍요와 명예 대신 내적인 가치와 자존을 중요시하는 청춘의 모습이다.

그러나 이내 "가을 끝자락 된서리"와 "처마 밑에 매달려 비바람에 시달"리는 시절이 온다. 그래도 주인공이 부담스러운 환경과 어려움에도 불구하고 흔들리지 않는 강인한 정신력을 나타내며, 그런 강인함이 끝내 "질긴 근성"으로 버틴다.

하지만 시의 후반부에서는 변화가 일어난다. "욕심도 내려놓고 겸손해"지는 노년의 시간이 온다. 고생과 어려움 속에서도 굴하지 않았던 젊은 날의 기상 대신에 인생을 수용하는 과정을 보여준다.

"조금만 삶아도 말캉말캉해진다"는 부분은 시의 주인공이 겸손해지고 그 과정에서 어떤 방식으로든 부드럽고 평온한 상태로 변화해 가고 있음을 나타낸다. 이것이 늙음의 과정일 수도 있겠으나 삶의 물리와 철리哲理를 터득한 자의 깨달음이자 아이템 획득의 과정이기를 빌어본다.